AF220213

Das Original

Genuss mit Bier und Käse

Harald Müller

**Genuss mit Bier und Käse,
Genuss mit allen Sinnen.**

Das etwas andere Erlebnis
Ein Guide zur Bier – Käse Verkostung.

Ein Erlebnis, das Sie als Gastgeber empfiehlt.

Bibliografische Information der Deutschen Nationalbibliothek:
Die Deutsche Nationalbibliothek verzeichnet diese Publikation in der Deutschen Nationalbibliografie; detaillierte bibliografische Daten sind im Internet über http://dnb.de und https://portal.dnb.de/opac.htm abrufbar.

2. Auflage überarbeitet (früher bei TwentySix.de)

© 2022 Harald Müller

Herstellung und Verlag:
BoD – Books on Demand,
Norderstedt

ISBN: 978-3-756-83958-2

MIX
Papier aus verantwortungsvollen Quellen
Paper from responsible sources
FSC® C105338

Inhaltsverzeichnis

Einleitung

Warum es dieses Buch gibt!

Liebe Genießerin, lieber Genießer,

Essen und Trinken ist für mich schon immer eine wichtige Sache.

Was die Bier- und Käse-Idee angeht, habe ich meine erste kleine Verkostung 2005 in einer kleinen Brauerei in San Francisco genießen dürfen.

Das war in der „ThirstyBear Brewing Company". Ein „flight" - eine Variation aus 3 verschiedenen Bieren in kleinen Gläsern mit dazu jeweils 3 passenden Käsen - und ich war sofort Feuer und Flamme.

Seitdem ich selbst Verkostungen mit Bier und Käse durchführe, gärt in mir die Idee zu diesem Buch.

Ich möchte das, was ich in den vergangenen Jahren gelernt und genossen und hier zusammengestellt habe, mit Ihnen teilen.

All das, was jetzt kommt, ist nicht in Stein gemeißelt, bildet aber, wie ich meine, eine gute Grundlage für ein „Casual Tasting", Ihre eigene Verkostung.

Ich wünsche mir, dass Sie es genießen und nutzen, ausbauen, teilen und einfach viel Spaß damit haben.

Bier und Käse! Kann das gutgehen? Wein und Käse wurde und wird häufig gepaart und ist oft und gerne auf den Speisekarten und auf Partytischen zu finden. Manche Genießer glauben allerdings, das richtige Bier zum Käse zu finden sei etwas schwer, aber wenn Sie die Paarungen, die ich als Beispiele in diesem Buch mit Ihnen teile, einmal verinnerlicht haben, werden Sie sehen, dass es ganz einfach sein kann. Sie werden beginnen, jede Käsetheke und sogar jede Käsevariation mit „bierigen" Augen zu sehen und nach dem passenden Getränk zu suchen. Jedes Bierregal der Getränkeabteilung werden Sie mit anderen Augen sehen. Wetten?

Ich hoffe, Sie können die Idee aus diesem Buch genießen und finden Gefallen an der Idee der Bier-Käse Verkostung.

Schon jetzt möchte ich darauf hinweisen, dass ich in diesem Buch nicht vertieft auf die Craft-Biere im speziellen eingehe. Warum? Nun, ich denke es ist einfach unmöglich, bei der Vielfalt von Craft-Bieren und den vielen Käsesorten mit deren individuellen Geschmäckern, immer das Richtige zu treffen. Außerdem, was macht es für einen Sinn, Ihnen ein spezielles Craft-Bier und den passenden Käse zu empfehlen, wenn Sie nicht die Möglichkeit haben, an dieses Bier oder den Käse heranzukommen?

Deshalb beziehe ich mich in diesem Buch auf die „gängigen" Biere und deren typischen Eigenschaften wie Geschmack, Geruch und Aussehen und den meiner Meinung nach dazu passenden Käse, damit Sie die Idee übernehmen können und sich selbst dann an das kleine Abenteuer trauen.

Jedes gute Craft-Bier-Pub/Restaurant hat seine eigenen Empfehlungen, was die Gerichte und die passenden Biere angeht.

Das heißt, es wird das Bier empfohlen, welches am besten zu dem Gericht passt, ja sogar abgestimmt ist. Aufgrund der vielen verschiedenen Craft-Bier Variationen, ist es meiner Meinung nach schwer, eine faire Empfehlung oder gar eine genau passende Aussage zu machen.

Auf jeden Fall werden Sie, wenn Sie die Idee dieses Buches durchproBieren, ein Gefühl bekommen, was zusammenpasst, und wenn Sie ein Craft Bier oder einen neuen Käse entdecken, bekommen Sie bestimmt eine Idee und finden eine dazu passende Kombination.

Dennoch werde ich am Ende des Buches, der Vollständigkeit halber, kurz auf einige Eigenschaften der Craft Biere eingehen, um Sie, liebe Leser*innen, zu weiteren Ideen für Ihre Bier-Käse-Kombinationen anzuregen.

Mein Ziel ist: Wenn sie die Reihenfolge, die ich hier anbiete, durchgehen und durchproBieren, haben sie am Ende ein gutes Gefühl, Ihr Lieblingsbier oder Ihren Lieblingskäse einzuordnen, um dann Ihre eigene Verkostung zu planen. Im Anhang finden Sie eine Einkaufsliste, die Sie entsprechend skalieren bzw. erweitern können.

Sie müssen weder Bier-Sommelier noch ein Käse-Affineur sein, um zu genießen.

Es reicht, einfach Freude daran zu haben, mit der Zeit Ihre eigenen Kombinationen zu finden und niemals aufzuhören, weiter zu experimentieren und nach Lust und Laune Kombinationen zu finden, die alleine, in der Familie und/oder mit Freunden einfach Ihre Lebensqualität, mindestens ein bisschen, hervorhebt.

Ein paar Basics

Das Bier

Beim Brauvorgang wird das Malz mit Wasser zur Maische angesetzt und durch mehrere Temperaturstufen geführt, um Enzyme zu aktivieren, die dann die notwendigen Prozesse unterstützen, um einen Sud zu erzeugen, der genügend Maltose enthält und die Vollmundigkeit erhöht. Dieser „Zucker" wird dann bei der Gärung unter Zusatz von Hefe in Alkohol umgewandelt.

Der Zuckergehalt wird in „° Plato" angegeben und bezeichnet die Stammwürze. Der Hopfen dient in erster Linie als Konservierungsmittel. Momentan gibt es weit über 100 verschiedene Hopfensorten, die als Konservierungsmittel und Aromaträger verwendet werden. Hopfen kommt als getrocknete Dolden, als Pellets oder Konzentrat zum Einsatz.

Dazu werden Gersten-, Weizen- oder Dinkelmalz und weitere Getreidesorten, der Biersorte entsprechend, in unterschiedlichen Zusammenstellungen verwendet. Das nennt der Brauer die ‚Schüttung'.

Es gibt außerdem viele unterschiedliche Hefe-stämme, die je nach Biersorte und Gär-Tempe-ratur - obergärig oder untergärig - Geschmack, Klarheit und Endvergärungsgrad eingesetzt werden.

Da Wasser das meist kontrollierte Lebensmit-tel ist, wird es unter Umständen von den Brau-ereien noch aufbereitet, um eine gleichbleiben-de Qualität zu gewährleisten.

Das war die Kurzversion, nur um Ihnen einen kurzen Einblick in den Brauprozess zu geben! Dazu gibt es tolle Bücher, die Ihnen den Brau-prozess detailliert näherbringen.

Der Käse!

Bei der Käseherstellung werden im europäi-schen Raum hauptsächlich Kuhmilch, Schafs-milch, Ziegenmilch und Büffelmilch verwendet.

Auch hier wird durch Erhitzen der Milch und dem Zusatz vom Enzymen und anderen Hilfs-mitteln ein Bruch erzeugt, der dann, je nach Käsesorte, weiterverarbeitet wird und später dann auch weiter veredelt wird.

Milch für Rohmilchkäse wird nicht pasteuri-siert, also nicht über 72°-75°C erhitzt, sondern bleibt bei der Verarbeitung oft unter 50°C. Da-her sollten Schwangere auf Rohmilchkäse verzichten, da dieser Bakterien enthalten kann, die unter Umständen gesundheitsschädlich sein können.

Bleibt noch zu erwähnen, dass die Herstellung von Bier und Käse ein sehr sauberer Prozess ist und unsaubere Arbeitsweisen sich direkt im Produkt niederschlagen.

Auch hier nur ein kurzer Überblick. Mehr dazu in den Quellenangaben.

Was auf Sie zukommt!

Bei den Paarungen beginnen wir mit dem „leichten" Bier und einem „leichten" Käse und steigern uns nach Geschmack, Alkoholgehalt beim Bier sowie Fettgehalt und Alter beim Käse.

Janett Fletcher schreibt in ihrem Buch über Bier und Käse, dass das Zusammenspiel ist wie beim Tennis: sind die Spieler von ähnlichem Format, dann ist das Spiel spannender, ausgeglichener und besser anzuschauen.

Einen Ricotta mit einem leichten Hellen oder einen frischen echten Büffelmozzarella mit einem Kriek, dem belgischen Kirschbier, macht nach dieser Vorgehensweise mehr Sinn als einen leichten Käse mit einem mächtigen Stout oder ein Doppelbock mit einem Frischkäse zu paaren.

Sie können aber auch zum Dessert einen Käsekuchen mit einem Kriek servieren. Ich wünsche Ihnen auf jeden Fall viel Spaß dabei.

Unsere Sinne machen Sinn

Was fürs Auge!

„Für den ersten Eindruck gibt es keine zweite Chance!" – anonym -

Das Aussehen der Speisen und Getränke hat direkten Einfluss auf unsere Auswahl. Deshalb tun wir uns auch manchmal schwer, wenn wir vor einem riesigen Buffet stehen und uns nicht entscheiden können, wo wir zuerst zuschlagen sollen.

Das Auge isst mit? Naja, wir nehmen Nahrungsmittel zuerst mit dem Auge wahr, und wenn etwas appetitlich aussieht, dann ist der erste Schritt schon getan. Egal, ob ein Salat mit Tomate, Paprika, Kichererbsen, Spargel oder Ei garniert wird, es wirkt wie ein „Regenbogen" und tut dem Auge, also uns als Betrachter gut.

Wie bei jedem Essen geben wir uns Mühe und lassen das Zubereitete auf dem Teller schön aussehen - den richtigen Teller, etwas Garnitur, auch wenn es nur die Petersilie auf der Gulaschsuppe ist - und schon sieht es appetitlich aus. Zahlreiche Studien belegen dies.

Ich benutze für die Verkostung einfache 0,1l Sektgläser, kleine Teller mit Muffinförmchen für den Käse. Das sieht angenehm aus und produziert wenig Abfall. Ihrer Kreativität sind da keine Grenzen gesetzt. Mehr dazu später.

Das Bier!

Beim Bier und Käse wird unter anderem die Farbe bewertet.

Die Bierfarbe nach der EBC-Skala
(EBC = European Brewery Convention)

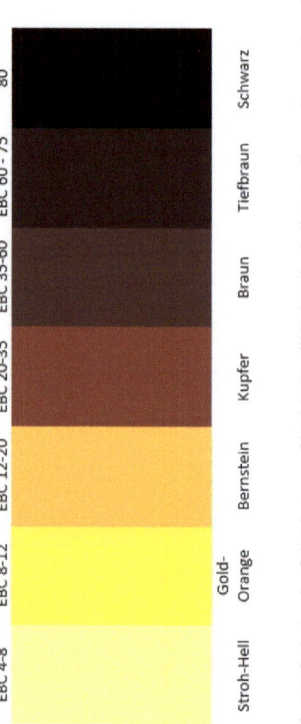

Hell: Pilsner, Pale Ale, Kölsch, Helles Bock,

Gold-Orange: Märzen, Pilsner

Bernstein-Amber: Alt, Bockbier, Trappist, Pilsner

Kupfer: Rot-Bier, Spezialbier

Braun: Bockbier, Brune, Stout

Schwarz: Schwarzbier, Stout

Natürlich überlagern sich die Farben der Biertypen. Ein Bockbier ist nicht immer dunkel und ein Pilsner nicht immer einfach nur hell.

Fruchtbiere haben durch den Zusatz von Sirup ihre eigenen Farbnuancen, von rosa bis dunkelrot, grünlich und bläulich oder auberginefarben - je nach Frucht.

Klar oder trübe ist recht einfach zu unterscheiden und gehört auch zum Biertyp dazu. Trübstoffe lassen das Bier nicht nur dem Typ entsprechend gut aussehen, sondern verleihen dem Bier auch Geschmack und das entsprechende Mundgefühl. Die Zusatzstoffe wie Sirup oder Saftkonzentrat können ein Bier auch ansprechender aussehen lassen.

Die Schaumkrone beim Pilsner, ein nicht zu unterschätzendes Merkmal, ist auch ein Indikator für richtiges Einschenken.

Die Schaumstabilität ist wichtig und wird durch ein getrocknetes, unsauberes und nicht kalt ausgespültes Glas oft zunichte gemacht.

Die Bierfarbe wird hauptsächlich durch das Malz und die Kochzeit geregelt. Ein Wiener Malz in der Schüttung (Mischung des Malzes für den Braugang) macht ein Bier goldgelb, je nach Anteil versteht sich. Um dunkle Biere herzustellen, wird Röst- und/oder Farbmalz verwendet; gelegentlich auch Zuckercouleur. Wird ein Sud lange gekocht, kann dieser auch dunkler werden. Bei den gängigen Bieren aus Großbrauereien wird das natürlich genau geregelt, um eine gleichbleibende Qualität zu gewährleisten.

Das richtige Glas hilft dem Bier, sich entsprechend zu präsentieren und die typischen Aromen zu entfalten. Die Form des richtigen Glases ist nicht zu unterschätzen, da es die Farbe, den Schaum und auch das Aroma besser zur Geltung bringt. Aber keine Angst, Sie müssen jetzt nicht für jedes Bier ein extra Set kaufen. Mehr dazu zu einem späteren Zeitpunkt.

Das Bierglas: Ein schlankes Pilsner Glas oder eine Tulpe mit Goldrand sieht schon mal edel aus. Ein Willi-Becher schon etwas schlichter und ein schön geformtes Weißbierglas hat schon etwas Elegantes. Ein Trappistenglas besticht durch sein sehr aufwändiges Design und sieht schon ohne Inhalt ansprechend aus. Für Craft-Biere gibt es auch dem Typ entsprechend das passende Glas.

Was die Trinktemperatur angeht finden Sie auf vielen Flaschen die empfohlene Trinktemperatur. Ich kühle das Bier auf ca. 8°-10° C. Warm wird es von selbst und wenn ich Gäste habe oder zu Gast bin hat das Bier immer Zeit sich in der Temperatur anzupassen. Sie werden sich wundern was ein paar Grad rauf oder runter an Aroma und Geschmack ausmachen.

Der Käse!

Bestimmte Käsesorten haben auch immer ihre typische Farbe und Konsistenz.
Wenn sie an der Käsetheke stehen, achten sie doch einmal auf die Formen, Farben und Verpackungen. Es geht dabei um Sie als Verbraucher. Richtig präsentiert und die Schnittfläche im richtigen Licht macht gleich Appetit.

Das Verhältnis von Wasser gegenüber der sogenannten Trockenmasse (Tr.) definiert die Konsistenz von Käse. Die Angabe auf dem Käse wird zum Beispiel oft so angegeben „50% Fett i. Tr.", manchmal auch „mindestens 50% Fett i. Tr."

Die Trockenmasse besteht hauptsächlich aus Fett, Eiweiß, Salz, Vitaminen, Enzymen, Milchzucker und Milchsäure.

Ein paar Beispiele und Farbtöne:

helles Weiß: Picandou, Büffelmozzarella, Quark oder Mascarpone

Gelbtöne: Gouda, Edamer und andere Schnittkäse

Hellbraune Rinde und innen gelb: geräucherter Mozzarella oder ein Morbier.

Außen rötlich bis orange: Munster (Münster), Romadur oder Limburger

Dunkelbraun: Salers,

Rotbraun: Castelmagno,

Goldbraun: Provolone Valpadana.

Blaugraue Rinde: Chabichou du Poitou oder ein in Asche gerollter Ziegenkäse

Gelblich mit Edelschimmel: Gorgonzola oder Blue Stilton

Weißer matter, samtiger Schimmel: Brie oder Camembert

Zu der Konsistenz später mehr!

Standard-Käse-Farbskala

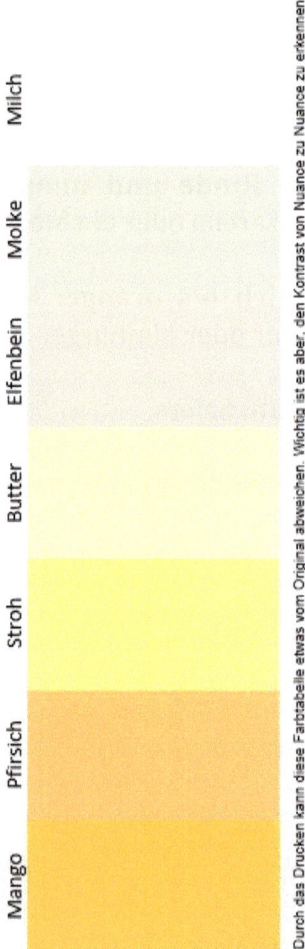

Milch · Molke · Elfenbein · Butter · Stroh · Pfirsich · Mango

Durch das Drucken kann diese Farbtabelle etwas vom Original abweichen. Wichtig ist es aber, den Kontrast von Nuance zu Nuance zu erkennen!

In Formen von eckig bis rund, als Rolle, Laib oder Pyramide, in Blumenform, in Blätter eingewickelt, in Sud eingelegt - die Formen sind grenzenlos und die Käseveredler sehr kreativ.

Durch das Anschneiden wird die Struktur des Teigs, die Verteilung der Bläschen oder Blasen sowie die Verteilung von Schimmelsporen beim Blauschimmelkäse sichtbar. Auch eine gleichmäßige Färbung wird als Kriterium bewertet. Die Rinde wird bei manchen Käse gegessen, bei anderen ist sie eher ungenießbar. Aber da wir uns hier auf die Bier und Käse Paarung konzentrieren, möchte ich an dieser Stelle nicht weiter darauf eingehen.

Oft sind die Käseformen durch die Reifung und Veredlung entstanden. Zum Teil zufällig, zum Teil durch Ausprobieren und natürlich auch aus Marketinggründen.

Dazu kommt die Verpackung in Folie, edlem Papier, Holzkistchen, Steinzeug und mit allerlei Etiketten versehen, was zum Teil auch wichtig ist, um die Herkunft nachzuweisen. Apropos Verpackung, befreien Sie den Käse rechtzeitig aus der Verpackung.

Die Herkunft!

Es gibt die geschützten Ursprungsbezeichnungen der EU: „g.U.", „geschützte Ursprungsbezeichnung" und „g.t.S.", für „garantiert traditionelle Spezialität".
Das gilt übrigens nicht nur für Käse oder Bier, sondern auch für viele andere Lebensmittel.
Das hat zwar seinen Preis, aber es sollte uns als Verbraucher interessieren, woher unsere Lebensmittel wirklich kommen.

In Großbritannien gilt die Abkürzung PDO (Protected Designation of Origin), in Frankreich unter anderem AOC (Appellation d'Origine Contrôlée) und in Italien DOP (Denominazione d'Origine Protetta). Dazu kommen noch viele regionale Bezeichnungen innerhalb eines Landes.

Für die Nase!

Die drei Geruchsarten: pronasales - retronasales - trigeminales Riechen.

Wenn wir Lebensmittel an die Nase halten und den Duft aufnehmen, nennt man das „pronasales" Riechen. Haben wir das Lebensmittel im Mund, dann gelangt der Geruch auch über den Rachenraum an die Nasenschleimhaut und wird dort „retronasal" registriert.

Ein stechender Geruch ist wie ein Schmerzreiz, der durch die Nervenbahnen des „Nervus trigeminus" wahrgenommen wird. Das sollte als kleiner Einblick erst einmal genügen und ist auch der Grund, warum ich in diesem Buch die gängigen Biere und den natürlichen Käse, keine Kräuterkäse oder gewürzte Käsesorten, beschreibe. Andernfalls wäre eine Paarung mit einem Bier, meiner Meinung nach, schwierig bis unmöglich.

Vor der Verkostung oder auch mal so, können Sie auch Riechübungen machen. Dazu einfach verschiedene Gewürze, Kräuter oder Früchte riechen und versuchen, die Nuancen zu erkennen, und sich so immer mehr zu sensibilisieren bei der Differenzierung verschiedener Gerüche. Das macht Spaß und wenn man einmal damit angefangen hat, freut man sich immer mehr, neue Eindrücke und Kombinationen zu erforschen.

Ein Mozzarella di Bufala oder Burrata, eine Unterart des Mozzarella, riecht meist sehr buttrig, sahnig oder nach frischer Milch. Bitte, ich spreche hier vom echten Mozzarella aus Büffelmilch bzw. dem Burrata mit der Rahmfüllung.

Ein Stilton, der eine ganz andere Konsistenz hat, riecht meist fruchtig, nussig und buttrig und je älter er wird auch etwas pikant - würzig. Auch deshalb wird dieser Käse oft als „Der König der englischen Käse" bezeichnet.

Zusammen mit dem passenden Bier entwickelt sich dann im Mund ein weiteres einzigartiges Aroma, das hauptsächlich retronasal wahrgenommen wird. Genau das ist es, was ich Ihnen gerne näherbringen möchte: Ein unvergesslich kulinarisches Erlebnis mit Bier und Käse.

Beim Bier!

Der Geruch, der von uns wahrgenommen wird und dann ins Unterbewusstsein geht und dann dort „verarbeitet" wird, schützt uns davor, etwas Verdorbenes zu uns zu nehmen.

Natürlich sehen wir zuerst, was wir essen oder trinken, aber der Geruch ist der Sinn, der uns vor schlechten Nahrungsmitteln schützt und sich als erstes in unserem Unterbewusstsein einprägt.

Ist ein Bier alt oder wurde es falsch gelagert, kann es sauer werden. Glauben Sie mir, Sie werden es riechen bevor Sie es schmecken.

Wenn Sie Ihr Bier richtig lagern und nicht alt werden lassen, brauchen Sie die negative Erfahrung eines alten oder verdorbenen Bieres nicht zu machen.

Das Bieraroma wird bei den traditionellen Bieren größtenteils durch die Hopfenzugabe beim Brauprozess bestimmt. Bei Craft-Bieren wird auch beim oder nach dem Gärprozess noch einmal Hopfen hinzugefügt.

Die Bandbreite des Biergeruchs erstreckt sich von herb/trocken bis grasig bei normalen

Biersorten und fruchtig blumig bei Craft-Bieren, die mit einer einzelnen Hopfensorte oder einer Mischung aus Hopfensorten gebraut wurde. Dabei gibt es Zitronennoten, Mandarinen, Schokolade, Mokka und viele mehr.

Hochprozentige Biere haben oft einen weinigen Geruch. Zum Beispiel ein **Doppelbock**, **Trappistenbier** oder ein **„Barley Wine"** haben einen solch typischen Geruch.

Das mag Ihnen im Moment noch etwas seltsam vorkommen, aber mit dem richtigen Käse ist auch das ein Genuss, den Sie sich nicht entgehen lassen sollten.

Wer sich mit dem Thema Bier beschäftigt, muss kein Sommelier sein, kann aber zur Vertiefung den „Bier-Aroma-Guide" heranziehen. Das ist eine farbige, gedruckte runde Tafel mit den Geschmacks- und Geruchsnuancen, die bei der Verkostung von Bier eine Rolle spielen. Sehr variantenreich zeigt der Bier-Aroma-Guide die verschiedenen Nuancen von „aromatisch, wohlriechend – würzig/weinig" bis „schwefelartig, Sulfid artig - Schwefeldämpfe/faule Eier" und dazwischen von „Apfel und Azeton" über „fruchtig, blumig" bis „ranzige Butter und Schweiß"! Röstaromen, Hefearomen (Banane beim Hefeweizen), Hopfenaromen (Hopfenbitter), grasig, nussig und einige mehr.

Ich möchte aber darauf hinweisen, dass die Nutzung des Aroma Guides nicht einfach ist und für eine Bier-Käseverkostung nicht wirklich zwingend notwendig, aber er kann helfen, bestimmt Gerüche und Geschmäcker zu entdecken und einzuordnen.
Ein Aroma Guide kann Ihnen immer helfen, wenn es um Lebensmittel geht und ist eine gute Ergänzung für Sie als Genießer, um Ihre Sinne zu trainieren. Ich habe ihn bei meinen Verkostungen immer dabei und blicke dadurch häufig in positiv erstaunte Gesichter.

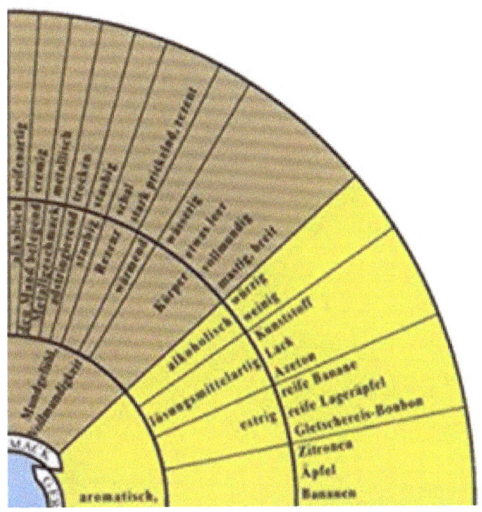

Beim Käse!

Beim Verkosten von Käse gibt es ähnliche Kriterien wie beim Bier, die natürlich auch genormt sind.

Wie schon erwähnt, der Geruch geht direkt in unser Unterbewusstsein, wird dort „gespeichert" und beeinflusst unseren Umgang mit Lebensmittel, der Umwelt und unseren Mitmenschen. „Den kann ich gut riechen" gilt nicht nur für Käse!

Duft, Konsistenz und Geschmack sind einige der Verkostungskriterien. Beim Duft werden je nach Käsesorte und Herkunft die Eigenschaften „säuerlich – milchig - hefig/gärig - sahnig" unterschieden und in der Intensität von „nicht vorhanden" bis „sehr stark" eingestuft.

Dazu kommen „aromatisch – erdig – fruchtig - grasig". Im Zusammenspiel mit dem Geschmack erkennen wir auch hier die typischen Käsen.

Im Mund
Schmecken, Geschmack und Geschmäcker
4+1

Süß, salzig, sauer und bitter sind jedem bekannt. Das wurde uns schon in der Schule beigebracht.

Die Zunge und das, was wir mal gelernt haben.

Früher:
In einigen Büchern wird noch immer die alte Variante der Geschmacksverteilung auf der Zunge gezeigt.
Das heißt, die Spitze der Zunge registriert salzig, der Bereich kurz dahinter süß, die seitlichen Ränder (links und rechts) sauer und der hintere Bereich bitter.
Übrigens ist „scharf" kein Geschmack, sondern ein Schmerzreiz.

Heute:
Nach den mir bekannten Quellen ist es eher so, dass, wie Sie auf den Bildern symbolisch erkennen können, die Bereiche eher überlappen, aber schon etwas Gewichtung haben.

Süß

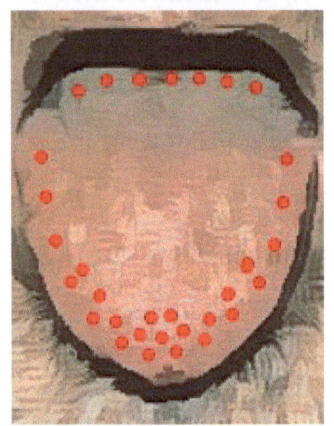

Sauer

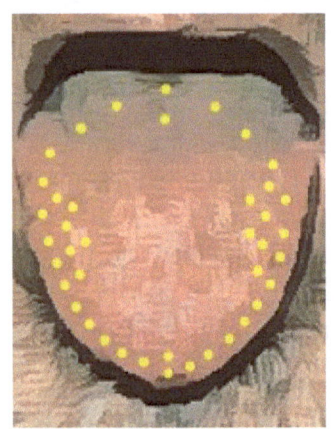

Bitter

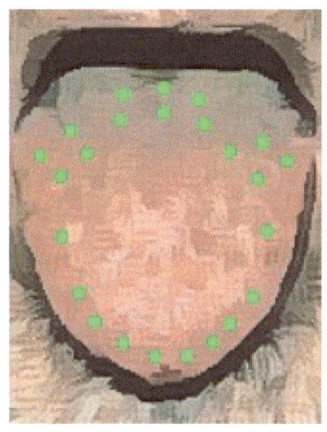

Salzig

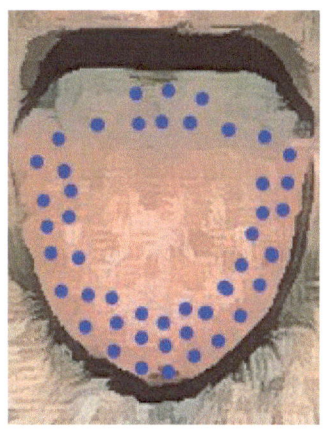

Wir haben ca. 2000 Geschmacksknospen auf der Zunge. Je zur Hälfte Wallpapillen und Pilzpapillen. Jede dieser Papillen hat zwischen 10-15 Schmeckzellen, die eine Lebensdauer von ca. 10 Tagen haben. Sollten Sie sich also mal die Zunge verbrennen, dann sollte nach ein paar Tagen wieder eine Besserung auftreten.

Die 4 Hauptgeschmacksrichtungen sind auf der Zunge ringsum verteilt und haben je eine Tendenz beziehungsweise die Bereiche sind mehr oder weniger intensiv ausgeprägt: ‚süß' etwas mehr an der Spitze; ‚sauer' etwas mehr an der Seite; ‚bitter' eher im hinteren Bereich und ‚salzig' vorne und seitlich, dafür weniger im hinteren Bereich.

Auch der mittlere Bereich ist nicht ohne Geschmacksknospen. Sicherlich schmecken wir dort auch ein wenig von den Hauptgeschmacksrichtungen, aber dieser Bereich nimmt hauptsächlich den fünften Geschmack auf!

Umami - der fünfte Geschmack!

Umami steht für herzhaft, „fleischig" oder auch wohlschmeckend. Getrocknete Tomaten, einfach so als Snack oder in einem Ciabatta mitgebacken, Sojasoße und Fischsoße bringen diesen Umamigeschmack ebenfalls ins Essen.

Umami ist ein natürlicher Geschmacksverstärker!
Geben Sie „umami" in Ihrer Internet-Suchmaschine ein, werden Sie momentan (2022) fast 30 Millionen Einträge finden. 2015 waren es „nur" knapp über 2 Millionen.
Umami-Gewürzmischungen sind zum Streuen oder als Paste erhältlich. Auch vegane Varianten sind verfügbar und Rezepte zum Selbermachen!

Mundgefühl: den Käse „lutschen" und das Bier „schlürfen".

Wie auch bei der Verkostung von Tee, Kaffee oder Wein ist es wichtig, Luft (Sauerstoff und andere Bestandteile der Luft) an das Getränk zu bekommen, damit es seine Aromen entfalten kann.
Keine Angst, wir schlürfen uns nicht ins Nirwana.

Durch das zergehen lassen im Mund, erwärmt und verteilt sich der Käse und Sie schmecken die typischen Nuancen heraus. Probieren Sie es: Sie werden sich wundern.

Vollmundigkeit - Mundgefühl

Der Brauprozess, also die Gußführung, steuert unter anderem die Vollmundigkeit. Meiner Meinung nach ist es nicht wichtig, ob das Bier zum Käse ober- oder untergärig ist, weil es die Kombination ist, die den Geschmack für den Genießer angenehm macht.

Speziell die Maltoserast beim Brauprozess, beeinflusst durch Temperatur und Dauer die spätere Vollmundigkeit. Eine längere Maltoserast reduziert die Vollmundigkeit und umgekehrt. Der Alkoholgehalt wird ebenfalls durch die Rezeptur und die Gußführung bestimmt.

Die Stammwürze gibt den Zuckergehalt vor der Vergärung an. Dieser Zucker wird bei der Vergärung kontrolliert in Alkohol umgewandelt und in entsprechenden Prozentzahlen wiedergegeben.

Warum wird das überhaupt gemacht? Es gehört einfach zur Rezeptur der Biertypen, die gebraut werden. Außerdem wird das Wasser zum Brauen ständig kontrolliert und auch aufbereitet, um eine gleichbleibende Qualität zu gewährleisten.

Das Mundgefühl, der erste Schluck, der Antrunk - leichter Antrunk, etwas Kohlensäure, es prickelt. Sie erinnern sich an den Begriff „retronasal"? Wir schmecken nicht ausschließlich, wenn wir etwas in den Mund nehmen, sondern riechen auch noch durch das Zusammenspiel des Rachenraumes und der Nasenschleimhaut.

Beim Käse ist das Mundgefühl, beim Bier der Antrunk eine der Komponenten, das uns über angenehm oder unangenehm entscheiden lässt.

Bier schmecken!

Antrunk, Mundgefühl. Das Glas an den Lippen und der erste Schluck ist im vorderen Mundbereich und auf der Zunge. Auch den Schaum können wir zuerst im Mund sein Aroma entfalten lassen. Manchmal erscheint uns der Bierschaum bitterer als das Bier selbst, da er schon mit Sauerstoff vorab in Kontakt kam und die Aromen sich anders entfalten können als das Bier selbst. Das Bier im Mund, der erste Schluck, trifft auf die Zunge und die vordere Mundschleimhaut. Frische - Prickeln, Säure –

sauer – bitter oder schal, abgestanden, weich – samtig, sind einige Eigenschaften, die Sie schmecken können.

Das Bier ist jetzt im Mund verteilt. Die Zunge und die Mundschleimhaut bekommt Kontakt zu dem Getränk. Jetzt schmecken Sie die Süße und die Bitterkeit, die sich im Mundraum entfaltet. Wenn Sie den Mund geschlossen halten und die Backen etwas aufblasen, ungefähr wie das Spülen beim Zähneputzen, dann haben Sie den gesamten Mundraum in Kontakt zum Bier und das ist der Übergang zum Nachtrunk.

Nachtrunk, Abgang. Sie schlucken nun das Bier herunter. Wenn Sie zusätzlich noch versuchen, langsam durch die Nase auszuatmen, werden diese Aromen noch verstärkt durch die Rachenschleimhaut auf- und intensiver wahrgenommen. Spätestens jetzt nimmt die Zunge ‚süß‘, ‚malzig‘, ‚sauer‘, ‚bitter‘, ‚umami‘ wahr. Wenn das Bier Ihrem Geschmack entspricht, haben Sie Lust auf mehr.

Käse schmecken!

Die wesentlichsten Faktoren, die den Geschmack des Käse beeinflussen, sind die Tierrasse, die Fütterung, die Milchbehandlung, der Käser und die Reifung, beziehungsweise die Veredlung. Bevor Sie den Käse in den Mund nehmen. vergewissern Sie sich bitte, ob die Rinde essbar ist. Bei manchen Käse ist die Rinde zwar essbar, aber nicht unbedingt ein Genuss und sollte daher entfernt werden. Am besten, Sie fragen schon beim Einkauf danach.

Das Mundgefühl beim Käse ist oft ausschlaggebend für den Genuss. Viele Menschen können mit Joghurt, Quark oder Hüttenkäse nichts anfangen, da schon die Konsistenz ein Unbehagen auslöst. Richten Sie Ihre Käseauswahl danach aus.

Ein Mozzarella ist leicht fest bis cremig, ein Brie eher teigig und samtig und ein Parmesan fest bis bröselig, da der auch nicht geschnitten, sondern gebrochen wird.

Sie erinnern sich an die Geschmacksrichtungen: Süß, salzig, umami, sauer, bitter. Dazu kommt das Mundgefühl. Bei Frischkäse zum Beispiel spüren wir die cremige Konsistenz. Beim Schnittkäse die teigige bis feste und beim

Hartkäse feste bis krümelige Konsistenz. Bei einigen sehr reifen Hartkäsen kann es sein, dass Sie eine kristalline Struktur im Mund spüren, als ob es kleine Körner oder Partikel sind, die sich durch Lutschen auflösen. Keine Sorge, das ist so gewollt und durchaus ein Qualitätsmerkmal.

Auch der Fettgehalt spielt eine Rolle, da Fett ein wesentlicher Geschmacksträger ist. Da wir bei der Verkostung keine riesigen Menge an Käse verzehren, darf es hier auch etwas mehr an Fett sein.

Nun etwas mehr zum Geschmack verschiedener Käse.

Frischkäse, wie z.B. Ricotta hat milde, zitronige frische Noten, eine Mascarpone eher süßlich cremige und ein junger Feta leicht scharfe Noten mit etwas Säure.

Reifer Frischkäse schmeckt zuerst cremig milchig. Der Sainte-Maure de Touraine, in Asche gerollt und mit blaugrauem Schimmel überzogen, den typischen Chèvre-Aromen mit nussigen, leicht scharfen und zitronigen Nuancen, ist immer ein Erlebnis.

Weichkäse, je nach Milch, schmeckt nach Pilzen, Mandeln und Ammoniak durch die Reifung wie beim Brie oder Camembert, mit teigigem bis cremigen und samtigem Mundgefühl.

Halbfester Schnittkäse weist auf buttrig weichen und manchmal fleischigen Geschmack hin. Rotschmierenkäse mit leicht säuerlichem Geschmack und teigiger Konsistenz.

Hartkäse schmeckt leicht scharf bis buttrig, manchmal etwas süß nach Karamell wie ein Manchego. Wenn diese Käsen reifer werden, können auch fruchtige Noten hinzukommen. Frischer Ananasgeschmack mit wenig Schärfe werden beim Parmigiano-Reggiano deutlich. Ein Grana Padano überrascht mit zusätzlichen Trockenfruchtnoten.

Blauschimmelkäse sehen für viele Menschen etwas gewöhnungsbedürftig aus, speziell wenn diese auf Brot oder Pasta geschmolzen sind. Ein Stilton, der jung scharf und aggressiv schmecken kann und dann mit der Zeit ins buttrige, nussige mit Kakaonoten übergeht, ist ein Genuss. Ein Roquefort überzeugt mehr durch würzige, kräftige Aromen, während der Gorgonzola scharf würzig und weniger salzig als der Roquefort schmeckt.

Kurz zum Schluss dieses Kapitels: Neben dem Sichten, Riechen und Schmecken wird beim Käse auch die Konsistenz, das Handgefühl, bewertet. Darauf bin ich in diesem Buch nicht eingegangen. Bitte denken Sie daran, es geht hier nicht darum Bier **oder** Käse zu verkosten, sondern darum, Bier **mit** Käse zu verkosten.

Die Verkostung!

Ich möchte Ihnen hier 6 Bier-Käse Paarungen anbieten, wie ich sie bei meinen Events anbiete. Sie können diese für sich anpassen oder kombinieren und ich bin sicher, dass Sie ein gutes Gefühl bekommen, was zusammen harmoniert.

In einer normalen Verkostung nehme ich immer nur 5-6 Paare. In diesem Fall haben Sie die Möglichkeit, sich nach der Verfügbarkeit der Käse und Biere die passenden aus der Serie herauszupicken.

Vorab!

Das Glas wurde mit kaltem Wasser ausgespült, damit Staub oder Seifenreste entfernt sind. Ich benutze Sektgläser für ca. 0.1 Liter Bier. Das Bier am besten so einschenken, dass es schäumt; nicht tröpfeln.

So kommt Sauerstoff dran, damit sich die Aromen entfalten können. Den Käse platziere ich gerne in einem Muffin-Papier auf einem kleinen Teller oder einer kleinen Schale.

So kann der Gast mehrmals am Käse nibbeln und dazu das Bier Schluckweise dazu trinken.

Es ist angerichtet!

Sie können alle Käsesorten anrichten und atmen lassen. Auf jeden Fall den Käse vorher aus der Verpackung nehmen und, wenn möglich, nicht im gleichen Raum lagern, in dem auch Ihre Verkostung stattfindet. Das Bier, wie schon erwähnt, auf Temperatur kommen lassen.

Wir schauen uns das Bier an, ... trüb, klar, hell, dunkel, golden, rötlich, bernsteinfarben, schwarz.

Wir riechen am Bier, ... hefig, hopfig, fruchtig. Nehmen Sie ruhig die vorherigen Kapitel nochmal kurz zur Hilfe. Auch das Aroma-Rad kann jetzt benutzt werden oder verlassen Sie sich einfach nur auf Ihre Nase und Ihren Gaumen.

Wir nehmen einen kleinen Schluck Bier in den Mund....

Wir schauen uns den Käse an, ... weiß, gelblich, goldgelb, mit Schimmel durchzogen, Bläschen.

Wir riechen am Käse, ...leicht, aromatisch, penetrant, weinig, ... beißen Sie ein Stück ab, lutschen sie den Käse, ... samtig, bröselig, schmierig, frisch, ... lassen Sie ihn auf der Zunge zergehen.

Hau weg? Nein, bloß nicht! Wir süffeln, schlürfen am Bier, lassen es sich im Mund entfalten. Was geht Ihnen durch den Kopf, außer dem Bier? Der Antrunk, Süße, Herbe, Bitterkeit, Prickeln auf der Zunge, säuerlich - Haupttrunk ... im Mund spülen, schlucken sie das Bier herunter - Abgang! Tat-ta-taaaa!

Was immer geht!

Kombinationen, die einfach jeder genießen kann.

Die hier beschriebenen Paarungen sind einfach und allgemein gehalten.
Natürlich gibt es innerhalb einer Käse- und Biersorte viele Varianten und starke Schwankungen. Trotzdem und hoffentlich wird es Ihnen möglich sein, die Paarungen zu genießen und die Idee zu verinnerlichen.

Fruchtig und leicht

Das Bier: Das **Kriek**, ein Kirschbier, leicht, süß, etwas säuerlich im Geschmack, ca. 4% Alkohol. Sollten Sie nicht an das Kirschbier kommen, wer soll Sie davon abhalten ein leichtes Export mit etwas Kirschsirup selbst zu mischen? Eben! Aber bitte nicht zu viel, sonst wird es zu süß und zu „klebrig".

Der Käse: Ein **Büffelmozzarella**. Sie werden schnell merken, dass dieser Mozzarella wenig mit dem Billigprodukt vom Discounter zu tun hat. (Hier würde auch ein frischer Joghurt passen oder zur Nachspeise etwas mit Pana Cotta oder Mascarpone.) Im Geruch und Geschmack erinnert der Büffelmozzarella an „alte Milch": nicht sauer, sondern reif buttrig, mild und etwas süß.

Hefig und zart

Das **Weißbier**, kühl und frisch, weich im Geschmack, etwas nach reifer Banane riechend,
passt gut zu einem nicht zu scharfen Feta.

Der Käse: Aus Ziegen oder Schafsmilch z.B. ein **Feta Xenia**, etwas säuerlich und leicht salzig, was ein Prickeln auf der Zunge und am Gaumen verursacht. Beim Zergehen auf der Zunge ist er weich und samtig im Abgang.

Blond und mild

Das Bier: Ein **Kölsch**, mit 4,8%, noch recht niedrig im Alkoholgehalt, ein **Märzen** (saisonal) und auch ein **Leffe Blonde** passt hier wunderbar.

Der Käse: Ein **Brie**, nicht zu reif, oder ein **Camembert,** gesellt sich hier gerne dazu. Beide von der Konsistenz her weich, samtig-sahnig und nicht zu cremig im Mund und mit Pilzaromen. Wer es lieber etwas fester (feister) mag, kann einen **Comte** oder einen jungen **Gouda** probieren.

Hopfig und aromatisch

Das Bier: Ein gutes **Pilsner**, z.B. ein Urquell, Silber Pils, Urstoff mit angenehmem Aroma und der typischen Bitterkeit.

Der Käse: Ein **Münster** mit der typischen Rot-schmiere auf der Rinde. Er riecht strenger als er schmeckt. Kräftig, hefig und etwas blumig würde er auch zu einem Weißbier passen, aber ich würde ihn mit einem guten Pilsner genie-ßen, da die Bitterkeit des Bieres und die Rot-schmiere gut zusammenkommen.

Kräftig und reif

Das Bier: Ein **Landbier, Kellerbier** oder **Trappist** mit kräftigem Aroma und im Alkoholgehalt schon etwas über 5,5% riecht nicht nur kräftig, sondern schmeckt auch herzhaft und hat wenig bittere Noten.

Der Käse: Ein **Ziegenkäse**, in Asche gerollt, z.B. ein Gour Noir oder gut gereift, samtig im Mund und mit dem typischen kräftigen und reifen Geschmack. Auch der geräucherte Mozzarella schmeckt dazu prima.

Stark und delikat

Das Bier: Einen **Barley Wine**, einen **Animator**, **Quadrupel** oder **Maredsous** (>=10 % Alc.). Kräftig, aromatisch im Geruch und etwas süßlich stark im Geschmack.

Der Käse: zum Beispiel ein **Blauschimmelkä-se**, der Blue Stilton. Der „König der englischen Käse".

Es gibt nicht viele Käsereien, die diesen wunderbaren Blauschimmelkäse herstellen. Lutschen Sie den Stilton, riechen und schlürfen Sie am Bier. Sie werden es verstehen.

Es ist schwer eine Alternative zu wählen aber im Notfall reichen Sie einen Roquefort oder auch einen Bergader.

Hilfsmittel:

Porzellanschalen, Untersetzer oder Espresso-Teller (1 pro Person)

Muffin-Backpapier (1 pro Person pro Käse)
Gläser (0,1 L Sektgläser), Servietten
Schneidbrett, Kochhandschuhe, Käsemesser
(für Weichkäse, Hartkäse, Blauschimmelkäse)

Flaschenöffner/Korkenzieher (große Kriek-Flaschen haben einen Korken, manchmal einen Kronkorken und einen Korken)

So könnte Ihre **Einkaufsliste** für 4 Personen aussehen:

Beim Bier sollte eine Menge von ca. 0,75 Liter genügen (für 4 Personen), je nach Flascheninhalt. (0,25l, 0,3l, 0,5l oder 0,75l)

Beim Käse genügen für eine Verkostung pro Käsesorte ca. 40g.

Das ist ein guter Esslöffel, je nach Käsesorte. Es versteht sich, dass Sie Käse mit Qualitätsangabe kaufen, wie schon beim Thema Käse erwähnt.

Anregungen für Ihre zukünftigen Paarungen

Sie haben festgestellt, dass ich in meiner Beschreibung immer mit dem Bier begonnen habe. Das liegt wohl daran, dass ich es einfacher finde, den Käse zum Bier zu paaren, als das Bier zum Käse zu finden.

Gerade beim Käse wird Ihnen auffallen, dass Einige mehrmals vorkommen und die Biersegmente etwas überlagern.

Das liegt daran, dass ich mir nicht erlaube, eine strenge Grenze zu ziehen und möchte Ihnen die Möglichkeit geben, selbst kreativ zu sein und Ihrem Geschmack freien Lauf lassen.

Die Liste ist keineswegs vollständig, aber sie gibt Ihnen einen Überblick und eine Idee, was in Zukunft zusammenpassen könnte.

Wenn Sie eine Verkostung planen, kaufen Sie bitte guten hochwertigen Käse. In Folie abgepackte Käsescheiben gehören vielleicht auf den Burger und der supergünstige Camembert in den Wanderrucksack, aber auch nur für den Notfall.

Kriek, Kirschbier belgisch, Morte Subite, Lindemanns. Floris Fraise oder Framboise, Leffe Ruby, ... Diese Biere sind vom Alkoholgehalt zwischen 3,5 – 4,5%.	Mozzarella, der echte Büffel-Mozzarella oder ein Burrata. Viele Alternativen habe ich hier nicht aber zum Dessert ein Käsekuchen verträgt sich auch mit einem Kriek. Mascarpone (auch als kleine Nachspeise), Pana Cotta, Joghurt, Käsekuchen, ...
Helles Weizen von Erdinger, Paulaner oder Ihr Lieblingsweißbier, ein Witbier, leichtes Export, ...	Feta, solange es ein echter Feta ist, die Milchanteile und die Herkunft stimmen und da es ein etwas reiferer Frischkäse ist, ist das auch einfach. Frischer Ziegenkäse, Quark, (Kräuterfrischkäse, Kräuterquark) ...
Kölsch von Früh oder Gaffel etc. sind in vielen Märkten erhältlich. Oder natürlich Ihr	Ein junger Brie oder Camembert, samtig außen, sahnige Aromen, weiche Konsistenz. Comte,

Favorit aus einer der kleineren Kölsch Brauereien. Export, Märzen, Helles Blonde, ...	Gouda jung, Butterkäse, Tilsiter, ...
Pilsner, König, Urquell, Silber Pils, Urstoff. Die Liste ist riesig aber Ihr Haus-Pils geht natürlich auch solange es eben auch eine gewisse Hopfenbitterkeit mitbringt	Münster mit der typischen Rotschmiere, Romadur, Limburger, ein Morbier würde hier auch noch passen.
Alt, Leffe Brune, Nut Brown, Amber Ale, leichtes Kellerbier, Helles Bock, Pale Ale, ...	Bergkäse mild, mit viel Aroma und noch etwas säuerlich, Camembert, Brie kräftig, Gouda mittelalt – alt, Morbier, Triple Cream, Ziegenkäse, Ziegenfrischkäse, Scamorza ...
Orval Trappist, Weizen dunkel,	Triple Cream, Comte, Ziegenkäse gereift (in Asche), innen schön hell und außen grau mit etwas Edelschimmel,

Kellerbier, Festbier, Bockbier, ...	erdig, mit dem typischen Geschmack und Geruch. Bergkäse kräftig, nussig, nach Heu duftend. Mozzarella geräuchert (Scamorza affumicata), ...
Hopfengarten, India Pale Ale (IPA), Duvel, ...	Parmesano Reggiano, Sharp Cheddar, Grande Padano, Sbrinz, Ädelost, ...
Triple Maredsous, Quadrupel La Trappe. Hier gibt es auch viel Auswahl an Starkbieren, die aber nicht bitter oder mit Röstmalz gebraut sein sollten. Diese Biere sind dann auch deutlich über 8% bis 12% Alkohol. Imperial Stout, Barley Wine, Doppelbock, ...	Blue Stilton, Cambozola, Roquefort, Bavaria Blu, Bleu d'Auvergne, Old Sarum, ...

Beim Durchstöbern dieser Kombinationen werden Sie feststellen, dass sich die Reihenfolge immer etwas ändert. Aber das macht nichts; es ist vollkommen zulässig und gehört zum Experimentieren unbedingt dazu.

Lassen Sie es auf sich wirken und Sie werden sehen, es beginnt immer mit einem leichten Bier und einem leichten Käse und endet mit den mächtigen Aromen und Geschmäckern.

Craft-Bier – Spezialbiere – weiteres!

Die Craft-Biere mit Käse zu paaren ist meiner Meinung nach schwer, weil doch jede Brauerei mit anderen Hefestämmen, Temperaturen (Gußführung), Malzen und Hopfenarten braut und dadurch sehr individuelle und wunderbare Biere entstehen. Wie immer, die Übung macht's.

Wenn wir bei den vorherigen Paarungen mit dem Bier beginnen, weil das Bier an Qualität und Typ (Sorte) relativ gleichbleibend ist, beginnen wir bei den Craft-Bier Paarungen mit dem Käse, weil dieser hier - verglichen mit den Craft-Bieren - die „Konstante" ist.

Noch schwieriger wird es, wenn Sie Käse von kleinen Käsereien verkosten und mit Craft-Bieren zusammenbringen wollen. Aber genau das macht den Reiz aus und Sie werden sich wundern, was Sie in Ihrer Umgebung alles finden werden, und was sich lohnt zu probieren.

IPA (India Pale Ale) stark gehopft und nicht für jeden Gaumen, schon gar nicht, wenn es ein „Double IPA" ist.

Meine Hopfenfavoriten: Magnum, Cascade, Hallertauer, Cirtrus, Saazer. Lassen Sie sich überraschen.

Zum IPA passt dann ein scharfer Cheddar oder ein etwas schärferer Feta, da diese mit dem intensiven Hopfenaroma harmonieren.

Schauen Sie beim Kauf bitte auf das Etikett des Bieres. Oft wird da schon die Farbe in EBC und die Hopfenbittere in IBU angegeben.

Wenn Sie in einer Brauerei einkaufen dann fragen Sie die Mitarbeiter, die sind geschult und geben gerne Auskunft. Eine Gute Quelle ist auch das Internet aber seien Sie vorsichtig mit Foren, da wird allerhand „Käse" veröffentlicht.

Saison- und Weihnachtsbiere!

Viele Brauereien stellen zum Frühjahr ein Märzen und für den Winter eine mit Gewürzen und Kräutern gebrautes Bier her. Das Märzen hat oft eine etwas kräftigere Farbe und ist sehr süffig.

Die Weihnachtsbiere die mit Gewürzen oder Kräutern gebraut wurden, nennt man dann eine „Brauspezialität", weil es ja nach dem Biergesetz kein Bier mehr ist. Dazu passen, meiner Meinung nach, alle kräftigen Käse mit Gewürzen, natürlich Weihnachtsgebäck mit Zimt, Koriander, brauner Zucker, und der Lebkuchen darf nicht fehlen.

Das **Rauchbier**, die Spezialität aus Bamberg, ist fast eine Mahlzeit für sich. Ich habe das Erste kaum trinken, geschweige genießen können. ABER, das Zeug ist klasse, und wenn Sie den Geschmack erst einmal verinnerlicht haben, ist es ein Erlebnis. Ehrlich! Je nachdem, wie rauchig es für Ihre Geschmacksknospen ist, würde ich einen geräucherten Mozzarella dazu essen oder einen Käse, der mit Schinken, Nüssen oder Speckwürfeln angeboten wird.

Sauerbiere: speziell, weil es als Sauerbier hergestellt wird und mit reifem, komplexem Käse schmeckt. Es wird auch gerne zum Aperitif getrunken.

Außerdem gibt es immer auch Ausnahmen zu dem was ich Ihnen vorschlage. Also seien sie gnädig!

Das Hanse-Porter von Störtebecker zum Beispiel, mit Caramel-Malzen gebraut, passt auch wunderbar zu einem Schokoladenkuchen da es recht wenig Alkohol hat und im Geschmack sehr süß ist. Die empfohlene Trinktemperatur liegt hier bei 16°.

Übrigens, auch unsere Nachbarn machen großartige Biere. So habe ich zum Beispiel in gut sortierten Getränkemärkten hervorragende polnische Biere entdeckt, die goldgelb schimmern und sehr aromatisch kräftig schmecken - dazu ein mittelalter Gouda oder ein Münster.

Rezepte:

Salat aus Limburger oder Romadur

Zuerst das Dressing zubereiten. 3-4 EL Sonnenblumenöl oder ein leichtes Olivenöl, 1-2 EL Weißweinessig, 1 Prise Salz, 1 Prise Zucker, 1 Prise weißer Pfeffer und 2 EL gehackte Zwiebel in einer Schüssel verrühren.

Den Käse (200-250g für 2 Personen) in feine Scheiben schneiden und gleich in das Dressing geben, sonst verklebt der Käse wieder.
Leicht durchmengen und ca. 20 Minuten ziehen lassen. Etwas Petersilie darüber streuen und servieren. Dazu ein Baguette oder Bauernbrot.

Alternativ können Sie die Käsescheiben auch auf einem flachen Teller anrichten und das Dressing darüber träufeln.
Unter Umständen müssten Sie dann Ihre Wohnung lüften.

Bierempfehlung:
Märzen, Oktoberfestbier, Weißbier

Flammkuchen mit Käse

Den Flammkuchenboden können Sie auch gerne kaufen. Es gibt sogar fertige Biovarianten, die sehr lecker schmecken und nicht die Welt kosten.

Den Boden mit einer Mischung aus Creme Double und saurer Sahne bestreichen, nicht zu dick. Dann den Käse darauf: Münster oder Ziegenkäse. Ab in den vorgeheizten Backofen (250°). Backdauer finden Sie auf der Verpackung. 7-10 Minuten sollten reichen. Mit dem Pizzaschneider zerteilen, etwas Schnittlauch darüber streuen und servieren.

Bierempfehlung:
Weißbier, Dunkles Weizen, Kölsch, Export

Baguette mit Käse überbacken

Baguette längs durchschneiden und auf dem Grill, in der Pfanne oder unter dem Broiler anrösten, evtl. vorher etwas Olivenöl darüber träufeln.

Dann den Käse darauf verteilen, z.B. Ziegenkäse, Brie, Bergkäse und Roquefort.

Nun nochmal kurz überbacken, aber nur einige Minuten, damit der Käse nicht verbrennt, sondern nur handwarm wird und nicht am Gaumen kleben bleibt.

Bierempfehlung:
Je nach Käse, jetzt wissen Sie ja schon ungefähr, was zusammenpasst!

Käse mit Birnen Relish

Birnen ausstechen, Walnussöl, Schalotte in Würfel geschnitten hinzu geben, Kümmel und Koriandersamen in der Pfanne anrösten, aber nicht verbrennen, mörsern, in die Pfanne zu den Birnen, ablöschen mit dem Saft einer Orange, Gouda in Happen schneiden, nicht zu klein, und anrichten, Relish darüber, fertig.

Käsevariationen mal etwas anders

Probieren Sie einen Brie und/oder Camembert mit Dijonsenf, einen Büffelmozzarella mit Crema di Balsamico, Ziegenkäse mit schwarzen eingelegten Oliven und Romadur mit Mango Crema di Balsamico.

Etwas liegt mir abschließend noch am Herzen!

Wie bei jeder Verkostung möchte ich darauf hinweisen, dass Parfüm, Tabakrauch, Knoblauch, scharfes Essen etc. das Erlebnis beeinflussen kann.

Wenn Sie schwanger sind oder Probleme mit Alkohol haben, dann sollte das hier ein "NO-GO" sein.
Rohmilchkäse ist für Schwangere auf keinen Fall zu empfehlen.

Achtung: Sie haben nach der Verkostung min. 6 x 0.1 Liter Bier getrunken und Alkohol im Blut, je nach Konstitution mehr oder weniger!
Autofahren oder Motorradfahren ist ein NoGo!
… und sogar Treppenlaufen und Radfahren kann gefährlich sein.

Und jetzt zum Abschluss!

Tun Sie sich und Ihren Gästen etwas Gutes, probieren Sie etwas Neues. Auch wenn Bier einmal das Getränk der Armen war, sein Image und die Qualität liefert uns mehr als nur ein Getränk, nämlich ein Genussmittel.

Der Käse hat lange Tradition und es ist nicht mehr nachvollziehbar, seit wann sich der Mensch von Käse ernährt. Die Anzahl der Käsesorten ist riesig. Genießen Sie deshalb die Idee, staunen Sie über Ihre eigene Kreativität, haben Sie Spaß am Verkosten.

Die Brauer, Käser und Affineure geben sich so viel Mühe und ich schätze das so sehr, dass ich jetzt gleich etwas Neues ausprobieren möchte.

Dieses Buch über Bier und Käse soll eine Leidenschaft in Ihnen wecken, Sie inspirieren, anfeuern und kreativ sein lassen.

Auf Ihr Wohl und das Ihrer Gäste!

Herzlichst, Harald Müller

Kleines Stichwortverzeichnis:

A   Affineur, in Zusammenhang mit Käse ein Spezialist auf dem Gebiet der Käseveredelung, ein Käseveredler
Antrunk, der erste Schluck des Bieres und der erste Geschmackseindruck

B   Bruch, Käsebruch, entsteht bei der Käseherstellung z.b. durch Zugabe von Lab zur Milch

C   Craft-Bier, ein handwerklich hergestelltes Bier, aus dem englischen übernommen

Casual-Tasting, casual steht für zwanglos oder lässig, hier zwanglose Verkostung, ohne steife Regeln

D   Doppelbock, mit einer Stammwürze von mind. 18°, Bock mit einer höheren Stammwürze als normale Schankbiere. Um den Begriff Bock ranken sich viele Geschichten, daher überlasse ich Ihnen die weitere Recherche.

E   EBC = European Brewery Convention (Wikipedia EBC Bier) regelt unter anderem die Farbe von Bier und wieviel Licht durch das Bier absorbiert wird. Das ergibt den Wert in der Tabelle.

Enzyme, beim Bier – Moleküle, die helfen, die Zuckermoleküle von der Stärke abzuspalten.

Enzyme, beim Käse – Chymosin und Pepsin dicken die Milch ein, ohne sie sauer werden zu lassen

F   Fett i. Tr. - gibt die Fettanteile des Käse an ohne das enthaltene Wasser
(Tr. = Trockenmasse)

G   Gärung (Bier), bei der Gärung werden mittels Hefe die Zuckermoleküle in Alkohol umgewandelt

H

I   IPA – India Pale Ale, wurde zur Kolonialzeit in England gebraut, stark gehopft, um die Haltbarkeit während der Seereise zu erhöhen und am „Trinkort" (Indien), mit Wasser verdünnt, trinkbar zu machen.

IBU – International Bitter Units, Gewichtseinheit der alpha-Säure im Bier

J

K   Kriek – belgisches Kirschbier

L

M   Malz, gekeimtes und getrocknetes Getreide zur Herstellung von Bier

Maltose – Malzzucker, entsteht beim Brauprozess und wandelt sich durch die Hefe bei der Gärung in Alkohol

Maische, Wasser gemischt mit geschrotetem Malz

Mundgefühl, die Interaktion eines Lebensmittel im Mund, das mit dem Geschmackssinn zusammenspielt

N

O

P   Plato, Grad Plato ist die Einheit, in der die Stammwürze gemessen wird

Q

R Rezenz, das „Gefühl", das entsteht, wenn sich das Bier mit der freigesetzten Kohlensäure im Mund verteilt und reagiert, es prickelt

S Sommelier, eine speziell für Getränke (und weitere Lebensmittel) ausgebildete Person

Schüttung, die Menge und Mischung an Malz(en) für einen Sud

Sud, die fertige Würze vor der Vergärung

Stammwürze, Anteil der gelösten Inhaltsstoffe aus dem Malz vor der Vergärung

Stout, dunkles obergäriges Bier, oft mit dunkel geröstetem Malz gebraut und dadurch dunkel gefärbt

T Tasting – Verkostung, Event bei dem z.B. mehrere unterschiedliche Lebensmittel nach bestimmten Kriterien verzehrt werden

U   umami (japanisch) - wohlschmeckend, köstlich, würzig, herzhaft. (Glutamin-säure und Glutamate)

V
W   Witbier, belgisches Weißbier, (obergä-rig)

X

Y

Z

Notizen:

Über mich:

Im normalen Leben arbeite ich als IT-Berater und in meiner Freizeit als Coach und Hobbybrauer. 1994 habe ich mein erstes Bier gebraut. Dabei kamen 20 Flaschen Helles mit ca. 6% Alkohol heraus. Zum Brauen war ich allein, zum Trinken hatte ich tapfere Freunde am Tisch, die mich trinkfest unterstützten, das erste Selbstgebraute zu verkosten. Das „Erstgebraute" war auch nicht so gut gefiltert, was einen entsprechend wilden Geschmack hervorbrachte. Aber es war ein guter Start und ich habe die Prozedur dann mehrmals wiederholt ... die Begriffe „MicroBrews" oder „CraftBeer" gehörten damals noch nicht zu meinem Wortschatz.

1996 bin ich nach Oregon umgezogen und durfte dort 5 Jahre leben. Dort habe ich dann die MicroBrews entdeckt. Herrlich! Noch heute bin ich Fan von McMennamins, Deschutes, Rogue und vielen anderen.

Zu der Zeit gab es in Salem, Oregon schon 4 Microbrews und einen Laden, in dem man alles kaufen konnte, was zum Brauen benötigt wird - der Name: „Home Brew Heaven", was muss ich da noch sagen. In und um Portland gab es damals ca. 80 Brewpubs und im Bundesstaat Oregon ca. 140, die ihr Selbstgebrautes angeboten haben. Momentan (2020) gibt es in Oregon ca. 250 Brauereien!

Als ich anfing zu brauen, gab es in Deutschland nur wenige neue Brauereien, aber die Szene lebt, und hier in Deutschland gibt es neben den großen Brauereien und den vielen alteingesessenen kleinen Brauereien immer mehr Craft-Bier-Brauereien. Von „normalem" Hellen, großartigen Weißbieren und Spezialbieren wie IPA und Imperial Stout, ist alles vertreten.

Die Brauer, ob Damen oder Herren, trauen sich was zu und der Erfolg gibt ihnen Recht. Für uns Verbraucher kann das nur positiv sein und ich hoffe, Sie unterstützen jeden, der nach Ihrem Geschmack braut.

DANKE!

An alle, die in irgendeiner Weise zu dem Buch beigetragen haben.

An alle Freunde und Bekannte für die kreative „Kritik" am Selbstgebrauten. Ein Blick sagt mehr als tausend Worte!

An alle, die an meinen Verkostungen teilgenommen haben und mich geduldig über Stunden ertragen haben.

Quellen:
(Zum Zeitpunkt der Erstellung dieses Buches)
„Cheese & Beer", Janett Fletcher
„Tasting Beer", Randy Mosher
„Käse der Welt", Juliet Harbutt
„Handbuch Käse", Komet Verlag Köln
„Der Zoigl", Wolfgang Benkhardt
„Der Geschmack des Weins", DVD, tricast Team Wuppertal
„Käse" von Leonie Class
„Das kleine Bierquiz", Huch&Friends
„Heimbrauen für Fortgeschrittene" Hagen Rudolph, Verlag Hans Carl
„Bierbrauen für jedermann" Michael Hlatky, Franz Reil, Leopold Stocker Verlag
„Der Zoigl" Wolfgang Benkhardt, Buch & Kunstverlag Oberpfalz
„Bier Guide" Sünje Nicolaysen, Heyne
„Bier-Aroma-Guide" Fachverlag Hans Carl
„Wikipedia"